VIE

DE

SAINT ROCH

PATRON SPÉCIAL

CONTRE

Les Maladies contagieuses.

PAR

L'ABBÉ DECORNE

Vicaire de Saint-Etienne, à Lille.

LILLE

Imprimerie A. Béhague, rue de Paris, **17**

1867

VIE

DE

SAINT ROCH

PATRON SPÉCIAL

contre

Les Maladies contagieuses.

Abbé DECORME

LILLE

Imprimerie A. Brique, rue de Paris, 17

1867

VIE

DE

SAINT ROCH.

VIE

DE

SAINT ROCH

PATRON SPÉCIAL

CONTRE

Les Maladies contagieuses.

PAR

L'ABBÉ DECORNE

Vicaire de Saint-Etienne, à Lille.

LILLE

IMPRIMERIE A. BÉHAGUE,

rue de Paris, 17.

1867

VIE

DE

SAINT ROCH.

Toutes les fois que Dieu châtie les peuples par quelqu'un de ces mystérieux fléaux qui répandent, avec une effrayante rapidité, la désolation dans les villes et dans les campagnes, un nom s'échappe instinctivement de toutes les poitrines, et se place sur toutes les lèvres, comme une souveraine espérance : SAINT ROCH !... Les populations se lèvent en masse, et se rendent, avec enthousiasme, à ses sanctuaires ; l'Eglise lui adresse des prières publiques ; on porte ses images en triomphe, à travers les cités et autour des champs ; on pose sa statue, jusque dans les rues des grandes villes, comme une sauvegarde puissante ; les mères de famille suspendent sa médaille au cou de leurs enfants, et reposent plus tranquilles ; toutes les mains sont tendues, tous les regards sont tournés vers lui ; l'instinct populaire le désigne comme le sauveur de l'humanité, au milieu des cruelles épidémies qui la ravagent.

Quel est donc cet Etre merveilleux, ce Saint, ce Thaumaturge qui a reçu du Ciel le privilége de rendre la confiance aux populations découragées ?... C'est ce que nous allons essayer de dire ici avec simplité, pour fortifier la confiance et développer la dévotion envers ce glorieux ami de Dieu et des hommes.

I.

Naissance de saint Roch. — Ses premières années.

Ce fut vers l'année 1295 que naquit, dans la ville de Montpellier, l'enfant de bénédiction que Dieu réservait à la terre, comme une espérance, pour le jour de ses épreuves. Saint Roch appartient donc à la France, et il ferme heureusement ce grand treizième siècle, qui fit la joie et qui reste la gloire de l'Eglise, autant par les héroïques vertus qu'il produisit que par les œuvres grandioses qu'il inspira. Ses parents étaient également recommandables et par la noblesse de leur origine et par l'élévation de leurs sentiments ; sa famille occupait un rang distingué, et son père remplissait une des premières charges dans sa ville natale.

C'est un rare bonheur pour un enfant, un bonheur inappréciable et qui a ses influences sur toute la vie, que d'être élevé dans un intérieur calme, et sous le regard d'une mère pieuse. Saint Roch eut ce bonheur. Du moment que son âme fut ouverte aux influences de l'exemple et aux enseignements de la parole, il n'eut qu'à regarder et à écouter pour se sentir porté à Dieu. Aussi, dès l'âge le plus tendre, laissa-t-il apercevoir ces indices de piété, de douceur et de grâce divine, qui révèlent les saints. Il montra surtout de bonne heure, un penchant irrésistible pour la vertu qui devait être la passion dominante de sa vie : une charité immense pour les pauvres, une touchante compassion pour tous ceux qui souffrent. Encore enfant, disent ses historiens, il aimait à se priver pour soulager les malheureux.

Ainsi s'épanouit, pendant quelques années, dans l'atmosphère si favorable de la famille et de la vertu, cette douce fleur qui devait un jour embaumer la terre. Mais auparavant, comme tout ce qui est appelé à de hautes destinées, il fallait qu'elle fut battue par la tempête. — La mort vint visiter l'heureuse famille. Ce fut d'abord le père que la messagère divine appela ; le bon et fidèle serviteur était mûr pour le ciel. Comme le vieux Tobie, il donna ses derniers conseils à son fils, et il s'endormit dans la paix du Seigneur. L'enfant s'inclina sous le coup qui le frappait, et se soumit. Il lui restait sa mère, sa tendre et pieuse mère, à consoler et à aimer. Mais elle aussi ne tarda pas à trouver grâce devant

Dieu ; sa mission était remplie : elle alla re-
cevoir sa récompense au ciel. Dire les larmes
que le saint jeune homme répandit sur la
perte de ce trésor que rien ne remplace sur la
terre, n'est pas possible : ceux-là seuls à qui
fut demandé un pareil sacrifice comprendront
sa douleur ; il n'y a que la Religion pour
adoucir de tels regrets.

Resté seul dans sa maison silencieuse, et
auprès de son foyer éteint, saint Roch inter-
rogea sa destinée. — Le malheur mûrit vite
les intelligences et grandit les âmes. — Il se
demanda si le Ciel, en le frappant à de courts
intervalles, dans ses seules affections d'ici-
bas, n'avait pas eu ses desseins. Il comprit
alors, mieux que jamais, le néant de tout ce
qui a ses racines sur la terre, et résolut de
tout quitter pour s'attacher au seul bien qui
ne passe pas, — à Dieu.

II.

Comment saint Roch se fait Pèlerin.

Il y avait bien le monde qui lui souriait, en
lui montrant la place élevée à laquelle lui
donnaient droit ses talents et sa naissance ;
il y avait ses proches qui essayaient de le re-
tenir, en lui retraçant les devoirs que lui im-
posait, dans la société, le rang occupé par sa
famille ; — il y avait ses amis qui invoquaient,
pour ébranler sa résolution, le bien qu'il
pourrait faire autour de lui, par l'ascendant
de son nom et de sa vertu ;.... car il a été

ainsi de tout temps : quand une âme jeune et généreuse, que le souffle du siècle n'a pas touchée, veut choisir la bonne part, aux pieds de Jésus, elle se heurte immédiatement à des obstacles de tout genre ; il se forme contre elle une sorte de conjuration ; et ce n'est qu'après des luttes pénibles et souvent prolongées qu'il lui est permis de suivre la voix de Dieu.... L'héroïque chrétien sortit victorieux de cette crise.

Trop grand était son cœur pour se laisser prendre au plaisir ou à la gloire d'ici-bas. Plus généreux que le jeune homme dont il est fait mention dans l'Evangile, il accomplit, à la lettre, la parole du Sauveur : « *Si vous voulez être parfait, vendez ce que vous avez ; donnez-en le prix aux pauvres, et suivez-moi.* » Il recueillit toutes les richesses dont il pouvait disposer, et les distribua, avec une joie indicible, aux malheureux de sa ville natale ; il remit, aux mains des membres de sa famille, les charges attachées à sa maison, et embrassa, dans toute sa perfection, la pauvreté évangelique, la *très-douce et gracieuse Pauvreté,* comme l'appelaient les saints de cette époque. Ce qui est surtout admirable dans cette détermination du serviteur de Dieu, c'est qu'il était alors à l'âge des grandes espérances : il avait vingt ans ; c'était vers 1315.

Et maintenant, quelle sera sa destinée ? Se retirera-t-il dans quelque forêt écartée, ou sur quelque montagne solitaire, pour y mener la vie des Pères de l'ancienne Thébaïde? Ira-t-il frapper à la porte d'un des nombreux monastères qui florissaient alors, dans la prière et la pénitence, sous la protection du *bienheureux saint François?* Non ; il n'en fera rien.... Cette parole de Jésus Christ : « *Les renards ont leurs tanières ; mais le Fils de l'homme n'a pas où reposer sa tête,* » décidera de sa vocation. Il n'aura donc, lui non plus, ni parents, ni amis, ni argent, ni maison, ni patrie; partout, et pour tous, il sera l'*étranger ;* il vivra au jour le jour, demandant, le long des grandes routes, le morceau de pain de la journée; le soir venu, il sollicitera, de la charité publique, un peu de paille ou de feuillage pour reposer ses membres fatigués ; et le lendemain, il reprendra son bâton et disparaîtra, sans laisser ni souvenirs ni regrets; il sera le vrai pauvre de la Providence ; — il se fera pèlerin. — Saint Roch fut ainsi un des glorieux ancêtres du B. Benoît-Joseph Labre, dont notre pays a célébré récemment les vertus.

III.

Saint Roch au milieu des pestiférés. — Ses miracles.

Comme tous les vrais enfants de l'Eglise, il se sentit attiré vers Rome. Rome, avec les tombeaux des saints apôtres, ses monuments religieux, et les reliques de ses nombreux martyrs, a exercé, de tout temps, un attrait irrésistible sur les cœurs catholiques. — Il prit donc la route de l'Italie. Il ne fit que passer par Avignon, bien que cette ville fut alors la résidence des Papes; traversa les Alpes, et toucha enfin cette terre bénie qu'il avait tant désiré contempler.

Mais voici qu'un bruit sinistre, semblable à un long gémissement, vient frapper son oreille. Un mot circule qu'on répète avec épouvante : « La peste! » — A cette nouvelle, saint Roch crut entendre la voix de Dieu qui l'appelait. Pendant que les populations fuyaient effrayées devant le fléau, il précipita sa marche en avant; et un jour enfin, il se trouva sur le théâtre même de la contagion.

Pourquoi décrire les scènes de désolation, de misère et de désespoir dont il fut témoin? La parole est impuissante à les retracer dans leur cruelle vérité. Un silence lugubre régnait dans les villes, interrompu seulement par des plaintes, ou par le roulement sinistre des tombereaux sur lesquels on entassait, pêle-mêle, cadavres sur cadavres. Grand nombre de maisons étaient fermées, et marquées'd'un signe funèbre qui annonçait que le fléau avait passé par là ; les hôpitaux étaient encombrés de malades, de mourants et de morts. C'était un spectacle navrant.

Saint Roch en fut atterré. Mais que peut faire un homme seul, sans science et sans fortune, au milieu d'une telle désolation? Rien, sans doute, s'il s'appuie sur les moyens naturels; tout, si Dieu est avec lui.... Et

Dieu était avec lui!!... Car saint Roch avait la foi qui *transporte les montagnes*, et la charité *qui est plus forte que la mort*. Il sollicita et obtint le dangereux honneur de soigner les pestiférés : il avait enfin trouvé le but de sa vie.

Le voyez-vous, le saint et héroïque jeune homme? il pénétre dans les réduits les plus infects; il visite les hôpitaux et les lazarets ; il va de maison en maison, fortifier et porter l'espérance ; il s'approche des malheureux que la maladie a saisis; il s'agenouille à leurs côtés ; il prie avec cette confiance que le Ciel ne repousse jamais; puis, sans craindre un contact presque toujours mortel, il touche les membres malades et les marque du signe de la croix.

O miracle de la foi et de la charité !... Un cri indicible s'élève soudain du milieu de cette foule, qui se débattait, tout-à-l'heure encore sous les étreintes de la souffrance !... Partout où notre Saint imprime le signe sacré de notre salut, le mal s'apaise, la contagion disparaît, et les malheureux même déjà saisis par des symptômes de mort, renaissent à la santé. — Dieu a rendu saint Roch dépositaire de sa puissance.

Le glorieux Thaumaturge se dévoua tout entier à son œuvre de résurrection; il ne se donna plus de repos, ni le jour, ni la nuit, qu'il n'eut triomphé du terrible fléau. Après avoir rendu la paix à Acquapendente, une des premières villes que l'on rencontre dans les Etats de l'Eglise, lorsqu'on va de France en Italie, il se rendit à Césène, puis à Rimini, où les mêmes scènes de désolation s'offrirent à ses regards attristés, et où Dieu continua d'accorder à sa confiance les mêmes prodiges. C'est en semant des bienfaits sur son passage, et en laissant parmi les peuples des preuves sensibles de la protection divine qui s'attachait à ses prières, que saint Roch arriva à Rome.

C'était le but de ses désirs. Hélas! il avait espéré saluer cette Reine du monde chrétien dans tout l'éclat de sa beauté. Mais depuis qu'elle était veuve de ses Pontifes, ce n'était plus qu'une reine découronnée, répudiée. Car, Rome sans le Pape, ainsi que le proclamait naguère une des plus grandes voix du catholicisme, « Rome sans le Pape, c'est un » corps sans âme, une cité sans gloire et sans » vie ; — c'est un désert ; — c'est la solitude » des tombeaux. » — Ajoutez que Rome, en ce moment, était cruellement ravagée par le fléau.

Saint Roch recommença donc son glorieux mais pénible ministère dans la ville sainte et aux alentours. Presque toutes les contrées de l'Italie reçurent sa visite. Pendant sept années il apparut comme l'ange de l'espérance, messager divin que le Ciel envoie aux hommes, pour leur annoncer la fin de leurs maux; et partout, une grâce divine sortait de sa personne et triomphait de la contagion. On put lui appliquer, en quelque sorte, ce

que l'Evangile dit de Notre-Seigneur : *Cir-
cuibat omnes cîvitates et castella, curans om-
nem languorem et infirmitatem :* il parcou-
rait les bourgs et les villes, guérissant toute
langueur et toute infirmité.

IV.

Comment saint Roch fut lui-même atteint de la peste, et guéri miraculeusement.

Mais c'est assez de gloire! c'est assez de
puissance! c'est assez de triomphes!... Que
l'admiration des peuples se change en pitié
profonde, et les chants de reconnaissance en
lamentations. — Dieu se retire soudain de
son serviteur; son merveilleux pouvoir s'évanouit. Le fléau se montre rebelle à sa voix ;
l'homme de Dieu est atteint lui-même par la
terrible contagion. Une douleur brûlante se
fait sentir à sa jambe gauche; un charbon
horrible apparaît; plus de doute, c'est la
peste !...

On ne peut qu'adorer les desseins miséri-
cordieux de la Providence, qui donne de la
sorte, aux plus grands saints, des leçons
d'humilité, en leur faisant sentir qu'ils ne
possèdent qu'une puissance d'emprunt.

Ne pouvant plus être utile à ses frères, et
ne voulant pas leur être à charge, notre Saint
se traîna péniblement vers une forêt voisine,
pour y cacher sa souffrance. Comme le saint
homme Job, abandonné de tous, il attendit
avec soumission, de la bonté divine, l'heure
de sa délivrance.

C'est à cette époque douloureuse de la vie
du Bienheureux qu'il faut placer la pieuse
légende que tous les artistes ont consacrée. —
A quelque distance de la forêt où il s'était
réfugié, s'élevait la demeure d'une noble famille. Or, il advint qu'un jour, un des chiens
du château s'échappa, se glissa dans la forêt
et parvint jusqu'à la grotte obscure, qui ser-
vait d'asile à notre Saint. Celui-ci, tout plein
de cette foi naïve, et de cet amour universel
pour toutes les créatures de Dieu, qui dis-
tingua, entre tous, le Séraphin d'Assise,
appela à lui l'animal, le caressa et le bénit.

Le chien s'éloigna; mais bientôt il reparut,
portant dans sa gueule un pain qu'il déposa,
avec des marques de plaisir, aux pieds de
saint Roch ; et pendant plusieurs semaines,
conduit par cette admirable Providence qui
se sert de tous les moyens pour secourir ses
élus, l'intelligent ami du pauvre pestiféré
ne manqua pas une seule fois de lui apporter
sa nourriture de chaque jour. — C'est pour
rappeler ce gracieux épisode de sa vie que les
peintres et les statuaires représentent saint
Roch avec l'animal fidèle dont Dieu s'est servi
pour adoucir les souffrances de son serviteur.

Ces souffrances, au reste, allaient avoir
leur fin. Dieu, après avoir humilié le divin
Thaumaturge, voulut lui rendre toute sa puissance et toute sa gloire. Son mal s'évanouit subitement, et il put s'adonner de nouveau à son
œuvre de dévoûment. Quelque temps après, la
peste ayant totalement disparu, il comprit que

sa mission aussi était terminée. Pour se dérober aux hommages et presque à l'doration des peuples qu'il avait sauvés, il quitta l'Italie. Naturellement, son regard se reporta vers son pays natal; il dirigea ses pas vers la France, sa patrie.

V

Saint Roch revient en France. — Il est regardé comme un espion dangereux, et jeté dans un cachot.

Nous sommes arrivés à la dernière station de la vie de notre bienheureux. Nous avons dit son renoncement absolu à tous les avantages du siècle ; nous avons admiré la puissance surnaturelle de sa charité. Que manque-t-il encore à cette merveilleuse existence? Il lui manque ce *quelque chose d'achevé que donne le malheur :* le Ciel et les hommes y pourvoiront, ainsi que nous allons le montrer, en racontant brièvement son martyre volontaire.

Saint Roch avait donc repris son bâton de pèlerin. Il laissa derrière lui les cités, maintenant joyeuses, de l'Italie, traversa les Alpes une seconde fois, et revint à Montpellier, sa ville natale. Lui, que des peuples entiers avaient acclamé; lui, le vainqueur de la peste, il revint au milieu des siens, inconnu sous ses pauvres habits de mendiant. Il alla s'asseoir, à quelques pas du palais du gouverneur, sur un banc de pierre, que l'on montra longtemps après sa mort comme un objet de haute vénération. La vue de cet homme, jeune, encore, mais aux traits fatigués et vieillis par la souffrance, aux joues creusées par les austérités, et dont le regard doux et profond inspirait tout à la fois la compassion et le respect, excita d'abord la curiosité. On lui demanda son nom : car qui eut pu reconnaître dans cette figure pâle, décharnée, et sous les haillons dont il était couvert, l'héritier d'une noble famille? « Je suis un pauvre pèlerin, » serviteur de Jésus-Christ; » telle fut toute sa réponse. On voulut le presser davantage ; mais on ne put obtenir de lui que ces mots : « Je suis un pauvre pèlerin. » Alors, des craintes, qui s'expliquent par l'état de défiance dans laquelle les différentes nationalités de cette époque vivaient à l'égard les unes des autres, commencèrent à envahir les esprits. On soupçonna *l'étranger* de n'être qu'un espion dangereux; et sur son refus persistant de se faire connaître, il fut chargé de chaînes, par ordre du gouverneur, et jeté dans une obscure prison.

Il n'avait qu'un mot à dire, l'héroïque pèlerin que vingt cités avaient applaudi, et ses compatriotes fussent tombés à deux genoux devant lui pour lui baiser les pieds; mais ce mot, il ne le dit pas. Pourquoi?—Parce que c'eut été passer immédiatement de l'indigence à la richesse, de l'opprobre à la gloire; — c'eut été refuser de porter jusqu'au bout la croix de Jésus-Christ : — c'eut été renoncer au bonheur si envié des âmes saintes : *vivre pauvre et mourir inconnu.* Voilà pourquoi il se contenta toujours de répondre : « Je ne suis qu'un humble pèlerin, serviteur de Jésus-Christ. »

Pendant cinq longues années, il souffrit, en bénissant la Providence, toutes les tortures d'un cachot humide et sombre. Dieu n'a pas voulu que les exemples de patience et de sublime résignation de son serviteur fussent connus : mais les anges du ciel les recueillirent et les portèrent dans les trésors de l'éternité; et il nous est bien permis de croire que c'est en leur considération surtout, que Dieu accorde, aujourd'hui, à saint Roch, une puissance d'intercession si salutaire à l'humanité.

VI.

Mort de saint Roch. — Il est reconnu par ses parents et ses concitoyens.

Cependant ses souffrances touchaient à leur fin. Le *bon et fidèle serviteur* allait *entrer dans la gloire de son divin Maître.*

Un jour, le geôlier, en pénétrant dans son cachot, trouva son *prisonnier* étendu sans mouvement, sur sa misérable couche de paille. Ses traits respiraient une douce sérénité, et des rayons d'une lumière surnaturelle s'échappaient de tout son corps et illuminaient les sombres murailles. Il s'approcha, pénétré d'une terreur religieuse, et s'aperçut que le prisonnier avait cessé de vivre.

C'était le 16 août de l'année 1327.

Aussitôt, cet homme que la douceur

ineffable de notre Bienheureux avait souvent
ému profondément, sortit dans la ville et
répandit la nouvelle que le *Saint* était mort.
C'est le nom qu'il lui donnait. Il dit en même
temps la résignation angélique dont il avait
fait preuve pendant les longues années de sa
captivité, ses célestes entretiens, les voix
mystérieuses qu'il entendait parfois dans la
prison, et surtout les merveilles de sa mort.
On accourut en foule. Le gouverneur de la
ville voulut lui-même être témoin des faits
qu'on lui rapporta. Il descendit dans le cachot
et s'approcha du Saint. A ses pieds se trou-
vaient ces quelques mots, écrits en caractères
d'or : *Ceux qui invoqueront avec confiance
mon serviteur Roch, seront délivrés de la
peste.*

Ce nom de Roch, non moins que le prodige,
frappa le gouverneur. C'était le nom qu'il
portait lui-même. Il se souvint alors de son
neveu qui était parti douze années auparavant. N'était-ce pas ce parent qu'il avait
maintenant devant les yeux ?... — Il décou-
vrit avec respect et en tremblant la poitrine
du prisonnier. O Ciel! c'est lui! Voilà la
croix rouge qu'il apporta imprimée, sur sa
chair, en naissant, et qui devait être le pré-
sage de ses humiliations et de ses triomphes.

Toute la ville, instruite bientôt de l'événe-
ment, se porta vers la prison. On se prosterna
aux pieds de l'humble pèlerin, en lui demandant pardon. On pleura de douleur et de
regret, à la vue de ces sombres lieux où le

noble héritier d'une grande famille avait souffert volontairement; — on l'invoqua surtout avec amour et confiance. — C'était la gloire qui commençait, sur la terre, pour cet amant désespéré de l'humilité, comme elle venait de commencer au ciel.... pour ne plus finir.

VII.

Quelques Miracles dus à l'intercession de saint Roch.

La magnifique promesse, déposée par une main céleste, aux pieds de saint Roch au moment de sa mort, ne tarda pas à se réaliser. L'Italie, l'Espagne, la France, et, on pourrait presque dire, le monde entier, éprouvèrent les heureux effets de sa puissance. Il nous serait impossible, non pas de raconter, mais d'indiquer seulement les prodiges dus à son intercession. On peut en juger par les nombreux monuments élevés en son honneur, chez tous les peuples, comme des témoignages de leur reconnaissance, et par la diffusion merveilleuse de son culte qui va chaque jour en augmentant depuis cinq siècles, et qui s'affirme surtout aux époques douloureuses des épidémies.

Rappelons quelques traits seulement de sa puissance.

* *
*

LA PESTE A CONSTANCE.

En l'année 1414, un Concile général se tint dans la ville de Constance, en Souabe.

Plus de cent mille personnes de tout rang et de toute condition, Nobles, Prélats, Représentants de Princes et de Villes, Hommes du peuple, s'y étaient donne rendez-vous. Une telle agglomération détermina une épidémie des plus terribles : la peste se déclara dans la cité, et en peu de jours y fit un grand nombre de victimes. La désolation et la terreur étaient à leur comble.

Dans cette extrémité, on se rappela le pouvoir souverain qu'avait eu saint Roch, contre ce fléau, pendant sa vie. Aussitôt les Pères du Concile ordonnèrent des prières publiques en l'honneur du merveilleux *guérisseur de la peste*. « L'image du Saint fut portée
» en grande pompe, dans toute la ville, ac-
» compagnée de tous les habitants. Quelques
» jours après cette démonstration pieuse, il
» ne restait plus aucune trace du fléau (1).

LA PESTE A VENISE.

C'était en 1576 ; la peste se déclara à Venise. Dans toute la ville, on ne voyait que des cadavres abandonnés, portant sur leurs membres les symptômes affreux et repoussants de la contagion. La désolation était générale : Des larmes partout, des gémissements, des cris de désespoir, des douleurs indicibles, des scènes déchirantes. Pendant que les uns, saisis par le mal, expiraient presque subitement, les autres, frappés d'épouvante,

---

(1) Baronius, *Martyrol*. au 15e jour d'Août.

abandonnaient à la hâte leur maison, leurs parents et leur patrie.

Enfin, on eut recours à la protection de la sainte Vierge et de saint Roch, et bientôt après, le fléau disparut complètement.

La ville de Venise, plusieurs fois délivrée des maladies épidémiques par la puissante intercession de notre Saint, l'a toujours honoré depuis d'un culte particulier. C'est à Venise que repose le corps du glorieux Thaumaturge, dans un tombeau magnifique sur lequel on lit cette inscription :

A saint Roch.

« *Les habitants ayant été préservés de toute*
» *contagion, la cité a déposé dans ce tombeau,*
» *ses reliques apportées, l'an du Sei-*
» *gneur 1520.* »

LA PESTE EN SICILE.

Une affreuse épidémie ravagea la Sicile, en l'an du Seigneur 1624; Rome était menacée. Le Souverain-Pontife Urbain VIII pour apaiser le courroux du Ciel et conjurer le fléau, se rendit dans une église de la ville, dédiée à saint Roch, et y vénéra une relique du glorieux Confesseur : Rome fut miraculeusement préservée.

Comme témoignage de reconnaissance pour cette protection visible, le Sénat et le peuple romain, décrétèrent que chaque année, à perpétuité, le magistrat chargé du gouvernement, donnerait à l'église de Saint-Roch, au

nom de tous les citoyens, un calice de XXX
écus romains avec quatre flambeaux de cire.
Ce vœu fut religieusement gardé.

LA PESTE EN ESPAGNE.

Au commencement du XVIe siècle, la ville
de Palentia, en Espagne, fut visitée par une
épidémie. Au milieu de la désolation générale,
une voix prononça le nom de saint Roch.
Aussitôt, tous les habitants s'engagèrent par
vœu, pour obtenir la cessation du fléau, de
célébrer chaque année sa fête avec une grande
pompe, et de se rendre processionnellement,
au 16 Août, à travers les rues de la ville, à
une chapelle qui lui est dédiée. Après cette
marque de confiance, la peste disparut presque subitement.

LA PESTE A PARIS.

Dans l'année 1490, une affreuse épidémie
jeta subitement l'épouvante dans un couvent
de Carmes, à Paris. En quelques jours, dix-
huit religieux avaient succombé au fléau, un
plus grand nombre étaient dans un état désespéré. Dans cette terrible situation, les religieux firent construire un autel et placer une
image de saint Roch, dans leur chapelle. Dès
ce moment le fléau ne fit plus une seule vic-
time. En témoignage de sa reconnaissance
pour ce bienfait signalé, la communauté fit
vœu de célébrer désormais, chaque année,
la fête du glorieux Saint, avec une grande
solennité.

* *
*

VIII.

Pèlerinage de saint Roch, à Faumont.

Nous n'entrerons pas dans plus de détails : de nos jours surtout, et au milieu de nous, les faits parlent d'eux-mêmes. En voyant la dévotion toujours croissante des peuples pour saint Roch, les nombreux monuments qui s'élèvent en son honneur, ses statues et ses images se multiplier dans les maisons particulières et jusque dans les rues des villes, les pèlerinages à ses sanctuaires de plus en plus fréquentés, il est impossible de ne pas proclamer hautement que SAINT ROCH est toujours l'*illustre guérisseur*, le *charitable sauveur* des peuples.

Parmi les églises de notre diocèse qui rendent un culte particulier à ce puissant Protecteur, nous croyons devoir placer en premier lieu la paroisse de FAUMONT, à deux lieues de Douai. Elle possède une relique authentique de saint Roch, qui lui fut donnée en 1819 par le vertueux M. Delewarde, de Douai. Depuis un temps immémorial les habitants l'entourent d'une vénération profonde et pleine de confiance. Chaque année, le 16 août, ils célèbrent sa fête avec une grande solennité. — Disons, tout de suite, qu'ils ont éprouvé plus d'une fois jusqu'ici les effets de sa bienveillante protection.

On se souvient des ravages causés dans notre pays par les épidémies de 1832, 1849, 1852, 1854 et particulièrement de l'année dernière, 1866. Il n'est point de ville et presque pas de village qui n'ait eu à déplorer quelques victimes. Les communes qui entourent *Faumont,* Raches, Flines, Bersée, etc., ont été plus ou moins éprouvées : mais la *paroisse de Saint-Roch* fut épargnée.

La dévotion des habitants pour leur saint Patron s'en est accrue; et les pays circonvoisins témoins de cette protection, viennent avec plus d'empressement encore lui rendre hommage dans son sanctuaire. De tous les points du diocèse, on voit arriver de nombreux pèlerins pour *servir* saint Roch. Chaque année à différentes époques, mais particulièrement dans l'octave de la Fête du Saint, la Belgique y envoie de ses enfants. Ils viennent, par troupes, de Tournai, de Namur, de Charleroi, de Merlin, de West, d'Antoing, etc., se prosterner et prier à l'autel du glorieux Thaumaturge, suivant en cela l'exemple donné depuis longtemps par leurs ancêtres. L'année dernière seulement, d'après des renseignements positifs que nous devons à M. l'abbé Brienne, Curé actuel de Faumont, le nombre des pèlerins qui ont visité l'église de Saint-Roch pendant la neuvaine qui a suivi le 16 Août, s'est élevé approximativement à dix mille.

Garanties spirituelles contre les épidémies

1° Avoir soin de se tenir toujours en état de grâce ;

2° Célébrer pieusement chaque année, par l'assistance aux Offices de l'Église et la réception des Sacrements, la Fête de saint Roch;

3° Porter sur soi la médaille du Saint, et conserver religieusement son image dans les familles;

4° *En temps d'épidémie*, faire un pieux pèlerinage à l'un de ses sanctuaires, et réciter chaque jour une prière en son honneur.

ORAISON EN TEMPS D'ÉPIDÉMIE.

Dieu tout-puissant, qui avez promis une protection singulière à ceux qui invoqueraient saint Roch dans leurs nécessités, nous vous prions très-humblement par les mérites de ses prières, de nous préserver de la peste et de l'épidémie qui fait tant de victimes parmi nous. Nous vous en supplions, Père céleste, au nom de Jésus-Christ, votre Fils, qui vit et règne avec vous en l'unité du Saint-Esprit. Ainsi soit-il.

LITANIES DE SAINT ROCH

(Fête le 16 Août)

Seigneur, faites-nous miséricorde.
Jésus-Christ, faites-nous miséricorde.
Seigneur, faites-nous miséricorde.
Jésus-Christ, écoutez-nous.
Jésus-Christ, exaucez-nous.
Dieu le Père, créateur du monde, ayez pitié de nous.
Dieu le Fils, rédempteur du monde, ayez pitié de nous.

Dieu le Saint-Esprit, sanctificateur du monde,
     ayez pitié de nous.
Trinité Sainte, un seul Dieu, ayez p. de n.
Sainte Marie, priez pour nous.
Sainte Mère de Dieu, priez pour nous.
Sainte Vierge des vierges, priez pour nous.
Saint Roch, priez pour nous.
Saint Piat, priez pour nous.
Saint Eleuthère, priez pour nous.
Saint Eloi, priez pour nous.
Saint Adrien, priez pour nous.
Saint Sébastien, priez pour nous.
Saint Macaire, priez pour nous.
Saint Charles Borromée, priez pour nous.
Saint François, priez pour nous.
Sainte Agathe, priez pour nous.
Sainte Barbe, priez pour nous.
Sainte Rosalie, priez pour nous.
Saints patrons du diocèse et du pays, priez
     pour nous.
Saints et Saintes du paradis, priez p. nous.
De tout air corrompu, délivrez-n., Seigneur.
Des ardeurs de la fièvre, déliv.-n., Seigneur.
De la peste et de l'épidémie, dél.-n., Seign.
De toute maladie contagieuse, dél.-n., S.
D'une mort subite et imprévue, dél.-n., S.
De la damnation éternelle, dél.-n., Seign.
Par les mérites éminents de votre fidèle ser-
     viteur saint Roch, délivrez-n., Seigneur.
Par sa rigoureuse pénitence, déliv.-n., S.
Par ses austérités multipliées, déliv.-n., S.
Par son ardente charité envers les pestiférés,
     délivrez nous, Seigneur.

Par sa patience admirable, déliv.-n., Seign.
Par son courage héroïque dans la prison, délivrez-nous, Seigneur.
Par le pouvoir que vous lui avez accordé contre la peste et toute maladie contagieuse, délivrez-nous, Seigneur.
Agneau de Dieu, qui effacez les péchés du monde, pardonnez-nous, Seigneur.
Agneau de Dieu, qui effacez les péchés du monde, exaucez-nous, Seigneur.
Agneau de Dieu, qui effacez les péchés du monde, ayez pitié de nous, Seigneur.
Jésus-Christ, écoutez-nous.
Jésus-Christ, exaucez-nous.

Notre Père, etc.

Saint Roch, priez pour nous,
Afin que nous soyons préservés de la peste et de l'épidémie.

Oraison.

Glorieux saint Roch, patron contre la peste, qui avez été suscité de Dieu, comme un flambeau, pour éclairer les fidèles et les porter aux œuvres de charité, faites que nous ressentions l'effet de vos prières auprès de Dieu, et par les mérites de vos travaux et de votre charité infatigable, nous soyons préservés de toute maladie contagieuse du corps et de l'âme. Ainsi soit-il.

Vu et permis d'imprimer :

Cambrai, 6 Août 1867.

PHILIPPE, Vic.-Gen.

TABLE.

FIN DE LA TABLE.

IMP. A. BÉHAGUE.